# Antipasti

ZABERT
SANDMANN

# Inhalt

# Unendliche Vielfalt

## Die typischen Zutaten

Vorspeisen oder, um es international auszudrücken, Antipasti sollen den Appetit anregen und Vorfreude bringen auf das, was an kulinarischen Genüssen noch folgt. Jedes Land hat seine eigene Vorspeisentradition, bei der in erster Linie die heimischen Zutaten zur Geltung kommen. Das Angebot an Vorspeisen ist vielfältig und mit Salaten und Snacks nur unzureichend beschrieben. Die klassischen Antipasti bringen natürlich die Italiener auf den Tisch: Dazu gehören neben den immer noch gefragten Tomaten mit Mozzarella vor allem Vitello Tonnato und Carpaccio. Aber auch die anderen Mittelmeerländer kommen nicht zu kurz mit Meeresfrüchtesalat, gefüllten Weinblättern und eingelegten Oliven. Und natürlich die Franzosen mit ihrer Vorliebe für feine Fischmousses und zartes Artischockengemüse. Nicht zu vergessen die exotischen Variationen wie Reispapierröllchen aus Asien und Enchiladas aus Mexiko.

1

**SCAMPI** (links) oder die kleineren Garnelen erhalten erst beim Garen ihre rosa Farbe. Frische sehen grau aus. Es gibt sie tiefgefroren zu kaufen, dann sind sie schon vorgekocht.

1 **PAPRIKASCHOTEN** sind besonders reich an Vitamin C. Neben den milden gelben, fruchtigen roten und scharfen grünen gibt es auch orangefarbene und violette Neuzüchtungen.

2 **RUCOLA** oder Rauke wird im Mittelmeerraum angebaut. Das Kraut hat ein feines nussiges Aroma mit leichter Schärfe und wird vor allem als Salat sehr geschätzt.

**3 WEISSE BOHNEN** haben einen hohen Eiweißgehalt. Es gibt sie als kleine Perlbohnen, große Limabohnen und mittelgroße, besonders in Italien beliebte Cannellini-Bohnen.

**4 SCHINKEN** ist international. Das Angebot reicht vom spanischen Serrano-Schinken über den deutschen Schwarzwälder Schinken bis zum italienischen Parmaschinken.

**5 FELDSALAT,** auch Rapunzel oder Ackersalat, hat von Herbst bis Frühling Hauptsaison. Freilandware enthält besonders viele Nährstoffe.

**6 ESSIGE UND ÖLE** gehören mit kaltgepresstem Olivenöl und dunklem Aceto Balsamico als Grundausstattung in jeden Haushalt. Die Palette ist aber vielfältig erweiterbar: Walnussöl, Kürbiskernöl, Distelöl sowie Himbeeressig, Weißweinessig, Champagneressig.

**7 OLIVEN UND SCHAFSKÄSE,** pur oder in Kräutern und Öl würzig eingelegt, sind in heißen Ländern beliebte Appetitanreger.

6

7

**ARTISCHOCKEN** sind Verwandte der Distelpflanze. Um an den essbaren Anteil (20 %), nämlich die Blütenböden und die fleischigen Verdickungen der Blätter, zu gelangen, ist einige Mühe notwendig. Früher waren Artischocken eine teure Spezialität, inzwischen sind sie ein für jedermann erschwingliches Gemüse.

**CHICORÉE** oder Brüsseler Salat ist eine Erfindung der Belgier. Die zarten Knospen der Zichorienwurzel wachsen in absoluter Dunkelheit zu einem delikat-herben weißen Salatgemüse. Je grüner sie sind, umso mehr Lichteinfluss waren sie ausgesetzt und umso bitterer sind sie.

**KRÄUTER** sind das i-Tüpfelchen für jeden Salat, für Marinaden oder Dressings oder einfach nur als Deko. Sie sind vitamin- und nährstoffreich und appetitanregend. Fast überall gibt es inzwischen neben den heimischen Kräutern wie Petersilie, Schnittlauch und Dill auch andere frische Kräuter wie Basilikum, Koriander, Minze, Rosmarin und Thymian zu kaufen.

**PASTINAKEN** sind ein in hiesigen Landen in Vergessenheit geratenes Wurzelgemüse mit einem hohen Stärkegehalt. In Amerika, England, Frankreich und Skandinavien hingegen sind Pastinaken als Gemüse sehr beliebt.

# Step by Step

## Die wichtigsten Küchentechniken

Antipasti werden erst dann zum besonderen Genuss, wenn beim Einkauf der Zutaten auf Frische und Qualität Wert gelegt wird. Aber auch bei der Vorbereitung sollten einige Regeln beachtet werden, die ein einwandfreies Ergebnis garantieren. Fast alle Gemüsesorten und Salate müssen sorgfältig geputzt werden, um Erdreste zu entfernen. Das Waschen ist wichtig, um Schadstoffe zu beseitigen. Schälen ist bei allen Wurzel- und Knollengemüsen notwendig. Je jünger und zarter das Gemüse ist, umso dünner soll es geschält werden. Bei Gemüse und Obst, das geschält werden muss, nicht zu viel wegschneiden, da unter der Schale häufig wertvolle Vitamine sitzen. Für alle frischen Zutaten wie auch Kräuter gilt: Erst möglichst kurz vor der Weiterverarbeitung klein schneiden oder hacken, damit der Vitaminverlust nicht zu groß ist. Hilfreich und häufig unabdingbar bei der Vorbereitung sind Küchengeräte und -werkzeuge wie scharfe Messer, Pürierstab, Schneebesen, Schaumlöffel, Salatschleuder und Handreiben. Und natürlich sollte jeder Haushalt über ein Grundsortiment an Essigen und Ölen und diversen Gewürzen verfügen.



### Salatsauce zubereiten

**1** Für eine Salatsauce aus Milchprodukten Joghurt oder Sauerrahm mit Salz, Pfeffer und Senf verrühren. Mit Zitronensaft abschmecken.

**2** Das Öl unter Rühren dazugeben und zu einer glatten, cremigen Sauce verrühren. Fein gehackte Melissenblätter darunter mischen.

**3** Die Melisse durch andere gehackte Kräuter wie Petersilie oder Basilikum ersetzen und noch klein gehackte Zwiebeln unterrühren.

### Garnelen vorbereiten

**1** Garnelen oder Scampi an Kopf und Schwanz fassen und mit einer Drehbewegung den Kopf vom Schwanz trennen. Die Schale zusammendrücken.

**2** Wenn die Schale zersprungen ist, die Unterseite des Panzers mit beiden Händen auseinander brechen und das Fleisch herausdrücken.

**3** Mit einem spitzen Messer den Rücken so tief einschneiden, bis der schwarze Darm sichtbar ist. Den dünnen Darm vorsichtig herauslösen.

## Paprikaschoten häuten

**1** Paprikaschoten halbieren, entkernen und waschen. Mit der Hautseite nach oben auf ein Backblech legen.

**2** Paprikaschoten auf der mittleren Schiene im Backofen 15 Minuten grillen, bis die Haut Blasen wirft und dunkel wird.

**3** Die Schoten mit einem nassen Handtuch abdecken und etwas abkühlen lassen. Die Paprikaschoten vorsichtig häuten.

**4** Die Paprikaschoten der Länge nach mit einem scharfen Messer in breite Streifen und, falls gewünscht, in Würfel schneiden.

## Artischocken füllen

**1** Von den Artischocken den Stiel abschneiden und die äußeren, harten Blätter ablösen. Die Blattspitzen der übrigen Blätter mit einer Schere abschneiden.

**2** Die Artischocken aufrecht stellen und mit einem Fleischklopfer leicht darauf klopfen. Mit einer Mischung aus gehacktem Knoblauch und Minze füllen.

## Pesto zubereiten

**1** Basilikumblätter abzupfen, waschen und trockenschütteln. Knoblauchzehen schälen und fein hacken.

**2** Das Basilikum mit dem Knoblauch und den Pinienkernen in einen Mörser geben und zerkleinern.

**3** Die Zutaten können auch im Mixer zerkleinert werden. Ist die Sauce glatt, zuerst den Parmesan, dann das Öl untermischen.

**4** Das Pesto zum Schluss salzen. Zum Aufbewahren in ein Schraubglas geben und mit etwas Öl bedecken.

# Gemüse

# Rohkoststangen mit Orangendip

Heiß geliebt und kalt gegessen: Knackiges Gemüse mit einem fruchtigen Dip, einfacher und unkomplizierter kann man eine Vorspeise nicht genießen

## Zutaten

1 unbehandelte **Orange**

oder **Zitrone**

1 **Knoblauchzehe**

2 **Eigelb**

**Salz**

1 TL mittelscharfer **Senf**

¼ l **Sonnenblumenöl**

**Pfeffer** aus der Mühle

1 kg **Gemüse** (z.B. Fenchel, Frühlingszwiebeln, Gurken, Möhren, Paprikaschoten)



## Zubereitung

FÜR 4 PERSONEN

1 Die Orange oder Zitrone heiß abwaschen, die Schale abreiben und den Saft auspressen.

2 Den Knoblauch schälen und fein hacken.

3 Das Eigelb mit Salz, Senf und 2 EL Orangen- oder Zitronensaft mit den Quirlen des Handrührgeräts cremig rühren. Das Öl unter ständigem Rühren zuerst tropfenweise, dann in dünnem Strahl einfließen lassen, bis die Sauce cremig wird.

4 Die Sauce mit gehacktem Knoblauch, ½ bis 1 TL abgeriebener Orangen- oder Zitronenschale, eventuell etwas Orangensaft, Salz und Pfeffer abschmecken.

5 Alle Gemüsesorten putzen und waschen. Das Gemüse je nach Größe vierteln, achteln oder in 5 cm lange Streifen schneiden. Mit dem Orangen-Mayonnaise-Dip servieren.

**Der Orangen-Mayonnaise-Dip wird noch frischer, wenn man 5 EL gemischte Frühlingskräuter (z.B. Petersilie, Kerbel, Schnittlauch, Sauerampfer, Kresse, Estragon oder Basilikum) unterrührt.**

# Tomaten
## mit Mozzarella und Pesto

**Der italienische Klassiker einmal anders: sonnengereifte Tomaten, milder Käse und die italienische grüne Sauce – ausnahmsweise nicht zu Pasta**

### Zutaten

20 g **Pinienkerne**

100 g **Basilikumblätter**

1 EL grobes **Salz**

1 **Knoblauchzehe**

2 EL frisch geriebener **Parmesan**



6 EL **Olivenöl**

**Pfeffer** aus der Mühle

2 EL trockener **Weißwein**

4 große **Tomaten**

300 g **Mozzarella**

### Zubereitung

FÜR 4 PERSONEN

1 Für das Pesto die Pinienkerne in einer Pfanne ohne Fett rösten. Die Basilikumblätter waschen und trockentupfen, einige Blätter für die Dekoration beiseite legen.

2 Die Pinienkerne, die Basilikumblätter und das Salz in einen Mörser oder Mixer geben. Die Knoblauchzehe schälen und dazugeben.

3 Alles zu einer Paste zerstoßen bzw. zerkleinern, nach und nach unter ständigem Rühren den Parmesan und das Öl hinzufügen, bis eine glatte Sauce entstanden ist. Das Pesto mit Salz und Pfeffer abschmecken und mit dem Wein verdünnen.

4 Die Tomaten gründlich waschen, die Stielansätze herausschneiden. Die Früchte quer zur Blüte in Scheiben schneiden. Den Mozzarella, falls nötig, abtropfen lassen und ebenfalls in nicht zu dicke Scheiben schneiden.

5 Die Mozzarella- und Tomatenscheiben abwechselnd dachziegelartig auf vier Tellern anordnen. Das Pesto darüber verteilen und mit den beiseite gelegten Basilikumblättern garnieren.

**Wer keine Zeit hat, das Pesto zuzubereiten, kann die Tomaten und den Mozzarella auch einfach nur mit einer Marinade aus Olivenöl, etwas Knoblauch, Zitronensaft, Salz und Pfeffer beträufeln.**

# Feldsalat
## mit Linsen und Ananas

Eine nicht alltägliche Salat-Variation: Würziger Feldsalat, feine rote Linsen und saftig-süße Ananas werden zu einem exotischen Snack kombiniert



### Zutaten

200 g rote **Linsen**

10 EL **Olivenöl**

1 gehackte **Schalotte**

1 geschälte **Knoblauchzehe**

1 **Lorbeerblatt**

1 **Zucchino** · **Salz**

100 g **Feldsalat**

4 EL **Weißweinessig**

**Pfeffer** aus der Mühle

200 g **Ananas** (geschält und in Stücke geschnitten)

1 TL **Kräuter der Provence**

4 Scheiben **Baguette**

### Zubereitung
FÜR 4 PERSONEN

1 Die Linsen in ein Sieb geben, unter fließendem Wasser gründlich waschen und abtropfen lassen. In einem Topf 1 EL Öl erhitzen, die Schalotte hinzufügen, den Knoblauch dazupressen und beides glasig dünsten.

2 Die Linsen und das Lorbeerblatt dazugeben, kurz mitdünsten. 600 ml Wasser hinzufügen, alles aufkochen lassen und bei schwacher Hitze etwa 30 Minuten quellen lassen. Restliches Wasser abgießen und die Linsen abkühlen lassen.

3 Den Zucchino waschen, in dünne Scheiben hobeln und in 1 cm breite Streifen schneiden. In kochendem Salzwasser kurz blanchieren. Abgießen, eiskalt abschrecken und abtropfen lassen.

4 Feldsalat putzen, waschen und trockenschleudern. Essig, 7 EL Öl, Salz und Pfeffer verrühren, Zucchini und Feldsalat mit etwas Sauce beträufeln. Die restliche Sauce unter die Linsen mischen.

5 Den Linsensalat mit Zucchini, Ananas und Feldsalat anrichten. Das restliche Öl mit den Kräutern vermischen. Die Baguettescheiben damit bestreichen und unter dem Backofengrill goldbraun rösten. Die Brotscheiben zu dem Linsensalat reichen.

**Wer es etwas schärfer mag, kann unter die Öl-Kräuter-Mischung noch 1/2 TL fein gehackte rote Chilischote ohne die Kerne mischen und die Baguettescheiben damit bestreichen.**

# Batavia-Rucola-Salat
## mit Orangen und Sprossen

Herb und frisch: Zwei Geschmacksnoten lassen diesen knackigen Salat zu einem raffinierten Auftakt für ein festliches Menü werden

### Zutaten

1 kleiner Kopf **Bataviasalat**

1 Bund **Rucola**

2 **Orangen**

1 Hand voll **Sprossenmischung**

30 g **Gorgonzola**

1 EL **Crème fraîche**

2 EL **Weißweinessig**

**Salz**

**Pfeffer** aus der Mühle

2 EL **Olivenöl**

2 EL **Sonnenblumenkerne**

### Zubereitung

FÜR 4 PERSONEN

1 Den Bataviasalat putzen, waschen, trockenschleudern und die Blätter in mundgerechte Stücke zupfen oder schneiden. Den Rucola putzen, waschen und trockenschütteln.

2 Die Orangen mit einem scharfen Messer so schälen, dass die weiße Haut rundherum entfernt wird. Die Fruchtfilets zwischen den Trennwänden herauslösen. Den dabei austretenden Saft auffangen und für das Dressing aufbewahren.

3 Die Sprossen in einem Sieb waschen, gut abtropfen lassen und mit Bataviasalat, Rucola und Orangenspalten vermischen.

4 Den Gorgonzola mit einer Gabel fein zerdrücken. Crème fraîche, Essig, Salz, Pfeffer, Öl und Orangensaft hinzufügen und mit einem kleinen Schneebesen zu einem Dressing verrühren. Die Sonnenblumenkerne in einer Pfanne ohne Fett rösten.

5 Den Salat erst kurz vor dem Servieren mit dem Dressing anrichten, auf vier Teller verteilen und die gerösteten Sonnenblumenkerne darüber streuen.

**Anstelle der Orangenspalten Grapefruitspalten unter den Salat mischen. Köstlich schmeckt der Salat auch mit dünnen Apfel- oder Birnenspalten und mit gerösteten Pinienkernen bestreut.**

# Kichererbsensalat
## mit Fenchel und Zwiebeln

### Zubereitung
FÜR 4 PERSONEN

1 Die Kichererbsen in einem Sieb abbrausen und in reichlich kaltem Wasser über Nacht einweichen.

2 Das Einweichwasser abgießen und die Kichererbsen mit 1 ½ l Wasser aufkochen. Etwa 1 ½ Stunden zugedeckt köcheln lassen. Das Wasser abgießen.

3 Den Fenchel putzen und in feine Streifen schneiden. In kochendem Salzwasser etwa 5 Minuten blanchieren, abgießen und eiskalt abschrecken.

4 Die Zwiebeln schälen und in dünne Scheiben schneiden. Die Petersilie waschen und trockenschütteln. Die Blätter von den Stielen zupfen und fein hacken.

5 Weißweinessig, Zitronensaft, Öl, Salz und Pfeffer verrühren. Kichererbsen, Fenchel, Zwiebeln und Petersilie miteinander vermischen.

6 Das Dressing dazugeben und unterrühren. Etwas ziehen lassen und servieren.

### Zutaten

250 g **Kichererbsen**

1 **Fenchelknolle**

**Salz**

2 rote **Zwiebeln**

einige Stiele glatte **Petersilie**

2 EL **Weißweinessig**

1 EL **Zitronensaft**

6 EL **Olivenöl**

**Pfeffer** aus der Mühle

## Zutaten

ca. 100 g ganze **Mandeln** (ohne Haut)

200 g grüne **Oliven** (ohne Stein)

1 rote **Peperoni**

1 Bund glatte **Petersilie**

2 **Knoblauchzehen**

4 EL **Olivenöl**

**Salz**

**Pfeffer** aus der Mühle

1 Packung **Grissini**

# Eingelegte Oliven
## mit Mandeln gefüllt

## Zubereitung
FÜR 4 PERSONEN

1 Die Mandeln halbieren und die Oliven damit füllen. Die Peperoni längs halbieren, entkernen, waschen und in feine Streifen schneiden.

2 Die Petersilie waschen und trockenschütteln. Die Blätter von den Stielen zupfen und grob hacken.

3 Die Knoblauchzehen schälen und den Knoblauch zum Olivenöl pressen.

4 Petersilie, Salz und Pfeffer zum Knoblauchöl geben und alles miteinander verrühren. Über die Oliven träufeln.

5 Die klein geschnittene Peperoni dazugeben und darunter mischen. Die Oliven zugedeckt etwa 2 Stunden marinieren lassen.

6 Die marinierten gefüllten Oliven mit den Grissini-Stangen servieren.

# Mariniertes Gemüse
## mit Rosmarin

Der perfekte Genuss: Das leicht säuerliche Aroma der Marinade für das Gemüse wird durch Rosmarin noch veredelt



### Zutaten

100 g getrocknete weiße **Bohnen** (über Nacht in Wasser eingeweicht)

1 **Lorbeerblatt**

1 rote und 1 gelbe **Paprikaschote**

100 g gelbe **Wachsbohnen**

1 **Zucchino**

3 EL **Olivenöl**

2 **Knoblauchzehen**

1 **Tomate**

1 EL **Zitronensaft**

1 EL **Weißwein**

**Salz** · **Pfeffer** aus der Mühle

1 Zweig **Rosmarin**

### Zubereitung

FÜR 4 PERSONEN

1 Die eingeweichten weißen Bohnen mit dem Lorbeerblatt etwa 1 bis 1 ½ Stunden weich kochen.

2 Den Backofen auf 200 °C vorheizen.

3 Die Paprikaschoten waschen, längs halbieren und putzen. Mit der Haut nach oben in eine feuerfeste Form legen. Die Paprikahälften im Ofen etwa 35 Minuten backen, bis die Haut Blasen wirft und gebräunt ist. Mit einem feuchten Küchentuch abdecken und etwas abkühlen lassen.

4 Anschließend die Haut mit einem scharfen Messer abziehen und die Schoten in Streifen schneiden. Den Saft, der sich eventuell in der Form gesammelt hat, auffangen.

5 Von den Wachsbohnen die Enden abschneiden. Bohnen in kochendem Salzwasser 8 bis 10 Minuten bissfest garen, abgießen und abschrecken. Den Zucchino waschen, in Scheiben schneiden und im heißen Öl von beiden Seiten knusprig braten, aus der Pfanne nehmen. Die Knoblauchzehen schälen, in feine Scheiben schneiden und im verbliebenen Öl in der Pfanne knusprig braten, herausnehmen. Die Tomate überbrühen, häuten, entkernen und klein schneiden.

6 Den Paprikasud, Zitronensaft und Weißwein zum Bratöl in die Pfanne geben, mit Salz und Pfeffer mischen. Tomate, Knoblauch und abgezupften Rosmarin dazugeben. Das Gemüse gut miteinander vermischen und die Marinade darüber gießen. Mindestens 6 Stunden ziehen lassen.

# Chicoréesalat

## mit Kürbis

**Einfach und** raffiniert: **Diese ausgefallene Salat-Gemüse-Kombination mit Zitronenmelisse-Aroma verzaubert auch** verwöhnte **Gaumen**

### Zutaten

2 **Chicorée**

200 g **Kürbisfleisch**

150 roher **Schinken** (ohne Fett)

4 EL **Öl**

2 EL **Zitronensaft**

**Salz** · **Pfeffer** aus der Mühle

einige Stiele **Zitronenmelisse**

### Zubereitung

FÜR 2 PERSONEN

1 Chicorée putzen, die Blätter abtrennen, waschen und trockentupfen. Falls nötig, die Blätter diagonal halbieren und dekorativ auf Teller verteilen.

2 Das Kürbisfleisch in mundgerechte Stücke schneiden. Den Schinken in Streifen schneiden. Falls nötig, das Fett entfernen.

3 Das Öl mit dem Zitronensaft verrühren, mit Salz und Pfeffer würzen. Kürbisfleisch und Schinken vermischen und auf dem Chicorée anrichten. Mit der Marinade begießen und mit Zitronenmelisse dekorieren.

**Wenn Sie statt neutralem Öl Kürbiskernöl verwenden, wird der feine Kürbisgeschmack noch unterstrichen. Chicorée harmoniert auch sehr gut mit Orangenspalten oder mit Birnen und Gorgonzola.**

# Zucchini
## mit Frischkäsefüllung

### Zubereitung
FÜR 4 PERSONEN

1 Die Zucchini gründlich waschen und die Enden abschneiden. Die Zucchini längs halbieren und die Hälften etwas aushöhlen.

2 Die Schalotte schälen und fein hacken. Die Knoblauchzehe ebenfalls schälen. Die Petersilie waschen und trockenschütteln. Die Blätter von den Stielen zupfen und fein hacken.

3 Den Frischkäse mit der gehackten Schalotte verrühren, den Knoblauch dazupressen. Die Dillsamen hinzufügen und alles gründlich vermischen. Mit Salz und Pfeffer würzig abschmecken.

4 Die Frischkäsemischung in die Zuccchinihälften füllen und diese schräg in etwa 3 cm große Stücke schneiden. Mit den Blüten dekorativ anrichten.

### Zutaten

500 g **Zucchini**

1 **Schalotte**

1 **Knoblauchzehe**

2–3 Stiele **Petersilie**

250 g **Frischkäse**

1 TL **Dillsamen**

**Salz**

**Pfeffer** aus der Mühle

gemischte **Blüten** nach Belieben (z. B. Borretsch-, Kapuzinerkresse- oder Kresseblüten)

## Zutaten

Für den Teig:

200 g **Mehl**

**Salz**

50 g **Schweineschmalz**

Für die Füllung:

250 g **Gemüse** (z. B. Möhren, Staudensellerie, Kohlrabi, Zucchini)

150 g **Mayonnaise**

**Salz** · **Pfeffer** aus der Mühle

etwas **Zitronensaft**

**Kräuter** zum Garnieren

# Teigschiffchen mit Gemüsetatar

## Zubereitung

FÜR 4 PERSONEN

1 Für die Teigschiffchen Mehl, Salz und Schmalz in eine Schüssel geben, etwa 3 bis 4 EL lauwarmes Wasser hinzufügen und rasch zu einem geschmeidigen Mürbeteig verkneten. 30 Minuten kühl gestellt ruhen lassen.

2 Den Backofen auf 190 °C vorheizen. Den Teig ausrollen und kleine Schiffchenformen damit auskleiden. Mit einer Gabel mehrmals einstechen und im heißen Ofen etwa 15 Minuten goldgelb backen.

3 Das Gemüse putzen, waschen und in möglichst kleine Würfel schneiden. Alles in einer Schüssel mit der Mayonnaise vermischen und mit Salz, Pfeffer und etwas Zitronensaft abschmecken.

4 Die Teigschiffchen erst unmittelbar vor dem Servieren mit dem Gemüsetatar füllen und mit verschiedenen Kräutern wie Schnittlauch, Petersilie oder Kapuzinerkresse dekorativ anrichten.

# Paprikaschoten
## mit Couscous-Füllung

**Ein Hauch von Orient: Mit Couscous und Minze gefüllte Paprikaschoten wecken Sehnsüchte nach Tausendundeiner Nacht**

### Zutaten

150 g **Couscousgrieß** (vorgekocht)

je 2 rote und gelbe **Paprikaschoten**

1 **Zucchino**

100 g schwarze **Oliven**

1 EL fein gehackte **Petersilie**

1 EL fein gehackte **Minze**

1 EL **Zitronensaft**

4 EL **Olivenöl**

**Salz** · **Pfeffer** aus der Mühle



### Zubereitung
FÜR 4 PERSONEN

1 Den Couscousgrieß in 1/4 l kochendes Wasser rühren und 5 bis 10 Minuten quellen lassen. Den Backofen auf 180 °C vorheizen.

2 Von den Paprikaschoten der Länge nach 1/3 abschneiden, putzen, entkernen und waschen. Jedes Drittel in kleine Würfel schneiden.

3 Den Zucchino waschen, die Enden entfernen und den Zucchino in kleine Würfel schneiden. Zucchini- und Paprikawürfel mit den Oliven und den Kräutern mischen. Zitronensaft und 2 EL Öl verrühren, mit Salz und Pfeffer würzen und zum Gemüse geben.

4 Couscous mit 4 EL der Kräuter-Gemüse-Mischung verrühren und in die Paprikaschoten füllen. Das restliche Öl in eine Auflaufform geben, die restliche Gemüsemischung darauf verteilen und die Paprikaschoten darauf setzen. Mit Alufolie abdecken und im Ofen auf der mittleren Schiene etwa 35 Minuten garen.

**Paprikaschoten können beliebig gefüllt werden: Statt Couscous können Sie auch Reis verwenden, der in Gemüsebrühe gekocht und mit Schafskäse und Basilikum vermischt wird.**

# Cäsarsalat

## mit Parmesan

In Amerika kreiert und seit 50 Jahren ein Klassiker: der römische Salat mit Parmesan, der seinem Namensgeber alle Ehre macht

### Zutaten

1 Kopf **Romanasalat**

3 **Sardellenfilets** (in Salz)

2 **Knoblauchzehen**

1 EL **Salatmayonnaise**

2 TL **Dijon-Senf**

3 EL **Weißweinessig**

7 EL **Olivenöl**

**Salz**

**Pfeffer** aus der Mühle

50 g **Parmesan** (am Stück)

4 Scheiben **Baguette**



### Zubereitung

FÜR 4 PERSONEN

1 Den Salat putzen, waschen und trockenschleudern. Salatblätter in mundgerechte Stücke zupfen oder schneiden.

2 Die Sardellenfilets abspülen, trockentupfen und hacken. Die Knoblauchzehen schälen.

3 Mayonnaise, Senf und Essig in einer Schüssel verrühren. Nach und nach 4 EL Öl unterrühren. Die gehackten Sardellenfilets hinzufügen. 1 Knoblauchzehe dazupressen. Die Marinade mit Salz und Pfeffer abschmecken.

4 Die Marinade mit dem Salat in einer Schüssel mischen. Die Hälfte des Parmesans auf der Käsereibe fein reiben und unter den Salat rühren. Den restlichen Käse mit dem Sparschäler in Späne hobeln.

5 Die zweite Knoblauchzehe in Scheiben schneiden. Restliches Öl in einer Pfanne erhitzen. Knoblauchscheiben darin unter Rühren goldbraun braten. Die Baguettescheiben im Knoblauchöl etwa 4 Minuten goldbraun braten, dabei häufig wenden.

6 Die Baguettescheiben zum Salat geben und die Parmesanspäne darauf verteilen.

**Der Salat lässt sich natürlich auch mit Croûtons zubereiten. Diese wie das Baguette ebenfalls in Knoblauchöl braten oder im Backofen mit Öl beträufelt rösten, bis sie leicht gebräunt sind.**

# Gemüsesalat
## mit Artischocken

**Immer wieder ein besonderes** kulinarisches **Erlebnis: Artischocken mit Safran und Koriander verleihen dem Gemüse eine unverwechselbare** Note

### Zutaten

2 **Artischocken**

1 EL **Zitronensaft**

1 EL **Olivenöl**

100 ml trockener **Weißwein**

1 Msp **Safran**

je ½ TL **Pfeffer-** und **Korianderkörner**

**Salz** · **Pfeffer** aus der Mühle

2 Stangen **Staudensellerie**

2 **Möhren**

1 Stange **Lauch**

2 **Knoblauchzehen**

1 **Zwiebel**

2 **Tomaten**

je einige Stiele **Dill, Estragon** und **Petersilie**

### Zubereitung

FÜR 4 PERSONEN

1 Von den Artischocken die Stiele abbrechen und alle Blätter sowie das Heu entfernen. Die Artischockenböden vierteln und sofort mit Zitronensaft beträufeln.

2 Das Öl erhitzen und die Artischockenböden darin kurz anbraten, mit Weißwein ablöschen. Safran, Pfeffer- und Korianderkörner sowie etwa 3 EL Wasser unterrühren. Mit Salz und Pfeffer würzen und etwa 20 Minuten köcheln lassen.

3 Den Staudensellerie putzen, waschen und in 3 cm lange Stücke schneiden. Die Möhren putzen, der Länge nach halbieren und in nicht zu dünne Scheiben schneiden. Den Lauch putzen, waschen und ebenfalls in Scheiben schneiden.

4 Die Knoblauchzehen und die Zwiebel schälen und fein hacken. Die Tomaten überbrühen, häuten, entkernen und in Spalten schneiden. Die Kräuter waschen, trockenschütteln und klein hacken.

5 Das Gemüse – bis auf die Tomaten – zu den Artischocken geben und weitere 10 Minuten köcheln lassen. Vom Herd nehmen und abkühlen lassen. Die Flüssigkeit durch ein Sieb gießen, auffangen und mit dem Schneebesen aufschlagen. Falls nötig, noch salzen und pfeffern.

6 Die Tomaten zu dem Gemüse geben, die Sauce darüber gießen und mit den Kräutern anrichten.

# Apfel-Walnuss-Salat mit Blauschimmelkäse

## Zubereitung

FÜR 2 PERSONEN

1 Den Apfel halbieren, das Kerngehäuse entfernen und die Hälften in dünne Spalten schneiden. Die Spalten sofort mit 1 EL Zitronensaft beträufeln.

2 Die Petersilie waschen und trockenschütteln. Die Blätter von den Stielen zupfen und fein hacken.

3 Für das Dressing das Öl, 1 EL Zitronensaft, Salz und Pfeffer und die Petersilie verrühren.

4 Die Walnüsse knacken und grob hacken. Den Roquefort in kleine Stücke teilen.

5 Die Apfelspalten auf zwei Tellern anrichten, mit Käse und Walnüssen bestreuen und mit dem Dressing beträufelt servieren.

## Zutaten

1 rotschaliger **Apfel** (z. B. Braeburn)

2 EL **Zitronensaft**

2 Stiele glatte **Petersilie**

1 EL **Öl**

**Salz**

**Pfeffer** aus der Mühle

6 **Walnüsse**

50 g **Roquefort**

## Zutaten

150 g junge **grüne Bohnen** · **Salz**

1 rote oder grüne **Paprikaschote**

3 **Frühlingszwiebeln** · 4 vollreife **Tomaten**

2 hart gekochte **Eier**

1 große gekochte, geschälte **Kartoffel**

1 **Knoblauchzehe**

8 **Sardellenfilets** (in Öl)

50 g schwarze **Oliven**

**Pfeffer** aus der Mühle

Saft von 1 **Zitrone** oder 2 EL **Essig**

6 EL **Olivenöl**

8–10 **Basilikumblätter**

# Salat Niçoise
## mit Kartoffeln und Sardellen

## Zubereitung
FÜR 4 PERSONEN

1 Die Bohnen waschen, die Enden abschneiden und die Bohnen in reichlich kochendem Salzwasser in etwa 5 bis 6 Minuten bissfest kochen. Abgießen, eiskalt abschrecken und gut abtropfen lassen.

2 Die Paprika längs halbieren, entkernen und in feine Streifen schneiden. Die geputzten und gewaschenen Frühlingszwiebeln in dünne Scheiben schneiden, die gewaschenen Tomaten und die Eier achteln. Die Kartoffel würfeln.

3 Die Knoblauchzehe halbieren und eine große Schüssel oder eine tiefe Platte damit ausreiben. Bohnen, Paprika, Frühlingszwiebeln, Tomaten, Kartoffeln und Eier darin anordnen. Die Sardellen in Streifen schneiden. Den Salat mit den Sardellen und Oliven belegen.

4 Salz, Pfeffer, Zitronensaft oder Essig verrühren, das Olivenöl gut unterschlagen und den Salat damit beträufeln. Mit den Basilikumblättern garnieren.

# Spinatsalat
## mit Limabohnen

**Aufs Beste kombiniert: Dieser Salat mit Spinat, Bohnen, Blumenkohl, Avocado und Mandarinen kann sogar eine warme Mahlzeit ersetzen**

### Zutaten

200 g getrocknete **Limabohnen**

(über Nacht eingeweicht)

**Salz** · 200 g **Blumenkohlröschen**

Saft von 1 **Zitrone**

1 **Avocado**

2 **Mandarinen**

2 **Frühlingszwiebeln**

2 große **Tomaten**

4 EL **Sonnenblumenkerne**

1 TL **Senf**

3 EL **Weißweinessig**

½ TL **Zucker**

**Pfeffer** aus der Mühle

6 EL **Olivenöl**

100 g **Blattspinat**



### Zubereitung

FÜR 4 PERSONEN

1 Die eingeweichten Limabohnen in kochendem Salzwasser etwa 20 Minuten weich garen. Abgießen und abkühlen lassen.

2 Die Blumenkohlröschen zerteilen und in kochendem Salzwasser mit dem Saft von ½ Zitrone etwa 8 Minuten bissfest garen. Abgießen, eiskalt abschrecken und abtropfen lassen.

3 Die Avocado halbieren, entkernen, schälen und in grobe Stücke schneiden. Sofort mit dem restlichen Zitronensaft beträufeln. Die Mandarinen schälen und in Spalten zerteilen.

4 Die Frühlingszwiebeln putzen, waschen und in Ringe schneiden. Die Tomaten überbrühen, häuten, entkernen und in kleine Würfel schneiden.

5 Die Sonnenblumenkerne in einer Pfanne ohne Fett rösten.

6 Für die Marinade Senf, Essig, Zucker, Salz und Pfeffer gründlich verrühren. Das Öl mit dem Schneebesen nach und nach darunter rühren, abschmecken und mit Bohnen, Blumenkohl, Avocado, Mandarinen, Frühlingszwiebeln und Tomaten vermischen. Etwas marinieren lassen.

7 Den Spinat putzen, waschen, trockenschleudern und auf Teller verteilen. Den Salat auf dem Spinat anrichten und mit den Sonnenblumenkernen bestreuen.

# Fisch

# Marinierte Makrelen
## mit Orangenspalten

**Pikante** Köstlichkeit: **Mit Chilischote und Knoblauch marinierte Makrelen bekommen durch** Orangen **die nötige Säure**

### Zutaten

2 **Makrelen** (à 300 g)

1 rote **Chilischote**

1 **Knoblauchzehe**

1 EL grobes **Salz**

1 TL **Zucker**

1 TL fein gehackte **Petersilie**

Saft von 1 **Zitrone** und 1 **Orange**

dünne Filets von 1 **Orange**

einige schwarze **Oliven**

**Kräuter** zum Garnieren



### Zubereitung
FÜR 4 PERSONEN

1 Die Makrelen unter fließendem kalten Wasser kurz säubern und filetieren. Dazu den Kopf mit einem scharfen Messer direkt hinter den Kiemen abschneiden. Den Rücken der Länge nach einschneiden und eine Seite von der Mittelgräte lösen. Den Fisch wenden und die zweite Seite ebenfalls von der Mittelgräte lösen. Die filetierten Stücke am Schwanzende abschneiden.

2 Die Chilischote längs halbieren, entkernen und fein hacken. Die Knoblauchzehe schälen und ebenfalls sehr fein hacken. In einer Schüssel mit Salz und Zucker mischen.

3 Die Petersilie waschen und trockenschütteln. Die Blätter von den Stielen zupfen und fein hacken.

4 Die Makrelenfilets mit der Hautseite nach unten in eine Form mit niedrigem Rand legen. Die Salzmischung und die Petersilie darüber streuen. Alles mit dem Zitronen- und Orangensaft beträufeln.

5 Je 2 Filets so übereinander legen, dass eine Hautseite oben, die andere unten ist. Die Makrelen mit Klarsichtfolie abdecken, ein Brett darüber legen und mit einem Gewicht beschweren. Im Kühlschrank etwa 1 bis 2 Tage marinieren lassen.

6 Die Makrelenfilets dünn aufschneiden und mit Orangenfilets und klein gehackten Oliven servieren. Eventuell mit etwas Grün, wie Schnittlauch oder Dill, garnieren.

# Gurke gefüllt
## mit Fischfarce

Eine erfrischende Mixtur: knackige Gurkenscheiben mit einer feinen Fischfarce und süßem, saftigem Melonenfleisch

### Zutaten

2 **Salatgurken**

100 g geräuchertes **Forellenfilet**

100 g geräuchertes **Lachsfilet**

2 EL **Crème fraîche**

3 EL **Zitronensaft**

**Salz**

**Pfeffer** aus der Mühle

2 EL **Öl**

200 g **Melonenfleisch**

einige Stiele **Gurkenkraut**

### Zubereitung
FÜR 4 PERSONEN

1 Die Salatgurken schälen, schräg in etwa 2,5 cm breite Scheiben schneiden. Mit einem Löffel die Kerne entfernen und die Gurken etwas aushöhlen.

2 Die Forellen- und Lachsfilets mit dem Messer sehr fein hacken oder kurz im Blitzhacker zerkleinern. Crème fraîche und 1 EL Zitronensaft unterrühren, mit Salz und Pfeffer würzen. Die Masse in die ausgehöhlten Gurkenscheiben füllen.

3 Den restlichen Zitronensaft mit Salz, Pfeffer und Öl verrühren und über die gefüllten Gurken träufeln.

4 Das Melonenfleisch in kleine Stücke schneiden, das Gurkenkraut waschen und trockenschütteln.

5 Die gefüllten Gurken mit Melonenstückchen und Gurkenkraut anrichten und servieren.

**Die Fischfarce kann zusätzlich mit 1 fein gehackten Schalotte und 1 Bund Dill zubereitet werden. Damit die Farce etwas geschmeidiger wird, noch 2 EL Sahne unterrühren.**

# Meeresfrüchtesalat
## mit Sellerie

**Da kommt** mediterranes **Feeling auf: frische Meeresfrüchte mariniert mit Zitronensaft,** aromatischem **Olivenöl und Gewürzen**

### Zutaten

1 kg **Miesmuscheln**

500 g **Venusmuscheln**

300 g kleine **Tintenfische**

250 g rohe **Garnelen**

1/8 l trockener **Weißwein**

Saft von 2 **Zitronen**

**Salz**

1–2 geschälte **Knoblauchzehen**

1 TL **Senf**

**Pfeffer** aus der Mühle

4 EL **Olivenöl**

4 Stangen **Staudensellerie**

1 kleines Bund glatte **Petersilie**

### Zubereitung

FÜR 6 PERSONEN

1 Die Mies- und Venusmuscheln gründlich unter fließendem Wasser abbürsten. Muscheln, die nicht geschlossen sind, wegwerfen. Die Tintenfische kalt abspülen und in Ringe oder Stücke schneiden. Die Garnelen aus den Schalen brechen, den Darm entfernen.

2 In einem Topf 1/2 l Wasser mit Weißwein, dem Saft von 1/2 Zitrone und Salz aufkochen. Die Tintenfische darin zugedeckt 1 bis 2 Minuten kochen lassen. Anschließend herausheben und in eine Schüssel geben. Dann die Garnelen 1 Minute im Sud garen, herausnehmen.

3 Die Venusmuscheln etwa 3 Minuten im Sud garen und herausnehmen. Dabei den Topf immer wieder kräftig rütteln, damit die Muscheln gleichmäßig gar werden. Die Miesmuscheln ebenfalls etwa 3 Minuten kochen. Die Muscheln abgießen. Geschlossene Muscheln wegwerfen, die anderen aus den Schalen lösen.

4 Knoblauchzehen fein hacken und in einer Schüssel mit den Meeresfrüchten mischen. Senf, restlichen Zitronensaft, Salz und Pfeffer verrühren, das Öl untermischen. Die Marinade mit den Meeresfrüchten mischen und den Salat einige Stunden ziehen lassen.

5 Den Sellerie waschen und in feine Scheiben schneiden. Die Petersilie waschen, trockenschütteln und die Blätter fein hacken. Alles unter den Salat mischen und servieren.

# Fischcarpaccio
## mit Avocadocreme

### Zubereitung
FÜR 4 PERSONEN

1 Die Fischfilets kurz im Tiefkühlgerät anfrieren lassen. Dann mit einem scharfen Messer in dünne Scheiben schneiden und sofort auf gekühlte Teller verteilen, leicht salzen.

2 Inzwischen den Friséesalat putzen, in kaltem Wasser gründlich waschen und trockenschleudern.

3 Für die Avocadocreme in einer Schüssel die halbe Avocado mit einer Gabel zerdrücken und mit Crème fraîche, Zitronensaft, Senf, Mayonnaise, Salz und Pfeffer mischen. Alles zu einer glatten Creme verrühren.

4 Den Friséesalat mit der Avocadocreme auf den Fischtellern anrichten. Mit Schnittlauchhalmen garnieren.

### Zutaten

400 g frisches **Lachsfilet** (oder anderes Fischfilet aus festem Fleisch)

**Salz**

1 **Friséesalat**

½ **Avocado**

100 g **Crème fraîche**

1 EL **Zitronensaft**

1 TL mittelscharfer **Senf**

2 EL **Salatmayonnaise**

**Salz** · **Pfeffer** aus der Mühle

einige **Schnittlauchhalme**

## Zutaten

160 g **Lachsfilet** (ohne Haut)

Saft von 2 **Zitronen**

**Salz** · **Pfeffer** aus der Mühle

3 TL **Olivenöl**

1 kleine **Salatgurke**

50 g gekochte, geschälte und klein geschnittene **Kartoffeln**

1 TL **Dillsamen**

4 EL **Joghurt**

**Cayennepfeffer**

einige **Dillspitzen**

# Lachstatar mit Kartoffel- und Gurkensalat

## Zubereitung

FÜR 4 PERSONEN

1 Den Lachs in kleine Würfel schneiden und mit 2 EL Zitronensaft, Salz, Pfeffer und 1 TL Öl mischen.

2 Die Gurke schälen, entkernen und fein würfeln. Mit 1 Prise Salz mischen und 10 Minuten in einem Sieb abtropfen lassen. Die eine Hälfte der Gurkenwürfel mit der Hälfte des restlichen Zitronensaftes und 1 TL Öl pürieren. Die restlichen Gurken mit 1 TL Öl und dem restlichen Zitronensaft mischen.

3 Die Kartoffelwürfel mit Salz und Dillsamen mischen.

4 Je einen Teigausstecher als Form auf Teller stellen, jeweils mit den marinierten Lachswürfeln füllen, etwas andrücken und den Ausstecher vorsichtig entfernen.

5 Etwas pürierte Gurke darauf setzen, jeweils Kartoffel- und Gurkensalat daneben verteilen. Mit je 1 EL Joghurt, etwas Cayennepfeffer und einer Dillspitze garnieren.

# Räucherfischnocken
## auf Friséesalat

Zartwürziger Fischgenuss: ohne großen Aufwand auch für anspruchsvolle Gäste ein idealer Gaumenschmaus

### Zutaten

250 g geräucherter **Stör**

50 g **Crème fraîche**

**Salz**

**Pfeffer** aus der Mühle

1 EL fein geschnittener **Dill**

50 g **Keta-Kaviar**

2 EL geschlagene **Sahne**

einige **Salatblätter** (z.B. Frisée)

4 Zweige **Dill**



### Zubereitung
FÜR 4 PERSONEN

1 Den Räucherfisch, falls nötig, häuten, entgräten, filetieren und in Stücke schneiden. Mit der Crème fraîche in den Mixer geben und fein pürieren.

2 Die Masse mit Salz und Pfeffer je nach Geschmack würzen. Den Dill sowie den Keta-Kaviar vorsichtig untermischen.

3 Die Sahne darunter ziehen. Zwei Esslöffel in Wasser tauchen und aus der Masse Nocken abstechen und formen.

4 Die Salatblätter waschen und trockentupfen. Die Räucherfischnocken auf den Salatblättern anrichten und mit je einem Dillzweig und eventuell noch etwas Keta-Kaviar garnieren.

**Genauso schnell lässt sich eine Mousse aus Makrelen herstellen: 200 g Fischfilet mit 1 EL Frischkäse pürieren. Mit Salz, Pfeffer und 1 EL Orangensaft würzen, 2 EL geschlagene Sahne unterziehen.**

# Marinierte Sardellen
## mit Knoblauch

Unschlagbar als schneller Snack für zwischendurch sind würzig eingelegte Sardellen, vielleicht mit einem kühlen Glas Weißwein?

### Zutaten

750 g frische **Sardellen** (küchenfertig)

125 ml **Sherryessig**

10 **Knoblauchzehen**

2 Bund **Petersilie**

**Salz**

**Pfeffer** aus der Mühle

250 ml **Olivenöl**



### Zubereitung
FÜR 6 PERSONEN

1 Die Fische waschen, trockentupfen und in eine Auflaufform legen. Für die Marinade den Essig mit 125 ml Wasser mischen und über die Sardellen gießen, etwa 1 Stunde marinieren lassen.

2 Inzwischen die Knoblauchzehen schälen und fein hacken. Die Petersilie waschen und trockenschütteln. Die Blätter von den Stielen zupfen und grob hacken.

3 Nach 1 Stunde die Marinade von den Sardellen abgießen. Die Fische unter kaltem Wasser einzeln abspülen, trockentupfen und wieder in die Auflaufform legen.

4 Die Sardellen salzen und pfeffern, mit dem gehackten Knoblauch und der gehackten Petersilie großzügig bestreuen.

5 Zum Schluss das Öl über die Sardellen gießen und alles nochmals 1 Stunde ziehen lassen.

**Zum Marinieren eignen sich auch Sardinen sehr gut. Diese werden in Öl gebraten und mit dem Bratöl, je 1/4 l Weißweinessig und Weißwein sowie Kräutern, wie Thymian oder Petersilie, eingelegt.**

# Blini
## mit Räucherlachs

### Zubereitung
FÜR 4 PERSONEN

1 Die Eier trennen, Mehl, Buchweizenmehl und Salz vermischen. Die Hefe in der Milch auflösen, mit der flüssigen Butter und dem Eigelb unter das Mehl rühren. Den Teig zugedeckt einige Stunden gehen lassen.

2 Das Eiweiß steif schlagen und vor dem Backen unter den Teig ziehen. Das Butterschmalz in einer Pfanne erhitzen. Je 1 EL Teighäufchen hineinsetzen, glatt streichen und von beiden Seiten goldbraun ausbacken. Warm stellen.

3 Den Schnittlauch waschen, trockenschütteln und in Röllchen schneiden.

4 Zum Servieren die Lachsscheiben auf den Blini verteilen und mit je 1 EL Crème fraîche garnieren. Zum Schluss mit den Schnittlauchröllchen bestreuen.

### Zutaten

2 **Eier**

40 g **Mehl**

60 g **Buchweizenmehl**

**Salz**

10 g frische **Hefe**

125 ml warme **Milch**

2 EL flüssige **Butter**

**Butterschmalz** zum Ausbacken

1 kleines Bund **Schnittlauch**

400 g **Räucherlachs** (in dünnen Scheiben)

200 g **Crème fraîche**

## Zutaten

150 g **Thunfisch** (in Öl)

5 EL **Crème fraîche**

1 TL **Zitronensaft**

4 Blatt weiße **Gelatine**

125 g **Sahne**

**Salz**

**Pfeffer** aus der Mühle

einige Blätter **Friséesalat**

frische **Preiselbeeren**

(ersatzweise aus dem Glas)

# Thunfischmousse
## mit Preiselbeeren

### Zubereitung
FÜR 4 PERSONEN

1 Den Thunfisch auf einem Sieb gut abtropfen lassen. Die Thunfischstücke in den Küchenmixer geben und mit der Crème fraîche und dem Zitronensaft pürieren.

2 Die Gelatine nach Packungsanweisung einweichen, dann unter das Thunfischpüree rühren.

3 Die Sahne steif schlagen und ebenfalls unter die Thunfischmasse heben. Mit Salz und Pfeffer abschmecken.

4 Eine passende Form mit Frischhaltefolie auskleiden, die Thunfischmasse einfüllen und glatt streichen. Die Form einmal auf die Arbeitsfläche aufstoßen, damit eventuell eingeschlossene Luft entweicht. Die Mousse im Kühlschrank einige Stunden kalt stellen.

5 Die Mousse vor dem Servieren stürzen, die Folie entfernen. Die Mousse in Scheiben schneiden, auf Friséesalat anrichten und mit Preiselbeeren servieren.

# Bohnensalat
## mit Thunfisch

Nicht nur in Italien ein Renner: Thunfisch mit weißen Bohnen – eine köstliche Tradition, die immer noch unschlagbar ist

### Zutaten

200 g getrocknete weiße **Bohnen**

1 **Lorbeerblatt**

3 geschälte **Knoblauchzehen**

200 g grüne (Prinzess-)**Bohnen**

**Salz**

2 rote **Zwiebeln**

300 g **Thunfisch** (in Öl)

3 EL **Weißweinessig**

1 TL **Senf** · **Zucker**

**Pfeffer** aus der Mühle

6 EL **Olivenöl**

2 EL fein gehackte **Petersilie**

### Zubereitung

FÜR 4 PERSONEN

1 Die weißen Bohnen über Nacht in ausreichend Wasser einweichen. Am nächsten Tag abspülen und mit 1 l Wasser, dem Lorbeerblatt und 2 gehackten Knoblauchzehen ca. 1 ½ Stunden zugedeckt kochen. Dann abgießen und auskühlen lassen.

2 Die grünen Bohnen putzen, die Enden abknipsen und in reichlich kochendem Salzwasser in etwa 8 Minuten bissfest garen. Dann kalt abschrecken und abtropfen lassen.

3 Die Zwiebeln schälen, halbieren und in feine Ringe schneiden. Den Thunfisch auf einem Sieb abtropfen lassen und in grobe Stücke zerteilen.

4 Für das Dressing den Essig mit Senf, Zucker, Salz und Pfeffer verrühren, nach und nach das Öl mit einem Schneebesen einrühren. Die restliche Knoblauchzehe dazupressen.

5 Weiße und grüne Bohnen, Zwiebeln und Thunfisch miteinander vermischen. Das Dressing darüber geben, mit der Petersilie bestreuen, gründlich unterrühren und vor dem Servieren noch etwas ziehen lassen.

**Mehr Aroma bekommt der Salat, wenn man noch 2 klein geschnittene Tomaten und 2 klein geschnittene Sardellenfilets dazugibt. Statt der Petersilie frisches Basilikum verwenden.**

# Fleisch

# Vitello Tonnato
## mit Zitrone

Eine **harmonische** Kombination von Fleisch und Fisch:
besonders bei heißen **Temperaturen** eine beliebte Vorspeise

### Zutaten

1 **Zwiebel** · 1 **Möhre**

2 Stangen **Staudensellerie**

½ l trockener **Weißwein**

**Salz**

1 kg **Kalbsnuss**

1 Zweig **Rosmarin**

2 **Lorbeerblätter**

3 **Eigelb**

200 ml **Olivenöl**

Saft von 1 **Zitrone**

4 **Sardellenfilets** (in Öl)

3 EL **Kapern**

2 Dosen **Thunfisch** (in Öl)

**Pfeffer** aus der Mühle

einige **Zitronenscheiben**

### Zubereitung

FÜR 10 PERSONEN

1 Die Zwiebel schälen und vierteln, Möhre und Selleriestangen putzen, waschen und in Stücke schneiden. Alles mit Weißwein, der gleichen Menge Wasser und etwas Salz zum Kochen bringen.

2 Das Fleisch mit den Kräutern belegen, in ein Baumwolltuch hüllen und mit Küchengarn verschnüren. Das Fleischpaket in den kochenden Sud geben, es sollte von der Flüssigkeit bedeckt sein. Bei schwacher Hitze etwa 1 ½ Stunden garen. Im Sud erkalten lassen.

3 Für die Thunfischsauce das Eigelb cremig rühren und 150 ml Öl tröpfchenweise unter ständigem Schlagen dazugeben. Sobald eine feste Mayonnaise entstanden ist, mit Zitronensaft und Salz würzig abschmecken.

4 Die Sardellenfilets, 1 EL Kapern und den abgetropften Thunfisch im Mixer pürieren, dabei das restliche Öl hinzufügen. Die Thunfisch-Öl-Mischung durch ein Sieb streichen und mit der Mayonnaise verrühren. Mit Salz und Pfeffer würzen. Falls die Sauce zu dickflüssig ist, mit etwas Kochbrühe verdünnen.

5 Das abgekühlte Fleisch aus dem Sud nehmen, auspacken und in möglichste dünne Scheiben schneiden.

6 Die Fleischscheiben auf einer großen Platte anrichten, mit Thunfischsauce begießen und mit den restlichen Kapern bestreuen. Mit Zitronenscheiben garnieren.

# Feldsalat
## mit Entenleber

Die exotische Mischung macht's: frische, süße Früchte, angerichtet auf nussigem Salat mit würzig gebratener Entenleber



### Zutaten

300 g **Feldsalat**

2 Stangen **Rhabarber**

1 TL **Zucker**

1 EL **Butterschmalz**

250 g frische **Entenlebern**

**Salz**

**Pfeffer** aus der Mühle

2 frische **Feigen**

3 EL **Olivenöl**

2 EL **Aceto Balsamico**

### Zubereitung
FÜR 4 PERSONEN

1 Vom Feldsalat die Wurzeln so abschneiden, dass die Blätter noch zusammenhalten. Salat gründlich waschen und trockenschleudern.

2 Rhabarber gut waschen und in Stücke schneiden. In ½ l kochendem Zuckerwasser 8 Minuten blanchieren. Abgießen und abtropfen lassen.

3 Butterschmalz in einer Pfanne erhitzen und die Entenlebern von beiden Seiten 3 Minuten goldbraun braten. Anschließend salzen, pfeffern und in Scheiben schneiden.

4 Die Feigen waschen und in große Spalten schneiden. Öl, Essig, Salz und Pfeffer zu einem Dressing verrühren.

5 Feldsalat, Feigenstücke, Rhabarber und Entenlebern in 4 mittelgroßen Schüsseln anrichten und mit dem Dressing beträufeln.

**Statt mit Entenlebern kann man den Salat auch mit Entenbrustfilet zubereiten. Die Haut der Entenbrust rautenförmig einschneiden, das Fleisch auf der Hautseite ohne Fett braten und wenden.**

# Friciule
## mit Salami und Schinken

**Wie es die Italiener lieben: herzhafter Schinken und Salami und dazu in Kräuteröl gebackene kleine Teigstückchen**

### Zutaten

20 g **Hefe**

1 Prise **Zucker**

250 g **Mehl**

1 TL **Salz**

1 EL **Olivenöl**

**Olivenöl** zum Ausbacken

4 **Knoblauchzehen**

1 Zweig **Rosmarin**

150 g italienische **Salami**

200 g italienische **Coppa** (luftgetrockneter Schinken)



### Zubereitung
FÜR 4 PERSONEN

1 Hefe und Zucker mit 1/4 l lauwarmem Wasser verrühren. Mehl und Salz vermischen. Die aufgelöste Hefe und 1 EL Öl darunter kneten. Den Teig an einem warmen Ort in 1 bis 2 Stunden zu der doppelten Größe aufgehen lassen.

2 Den Teig durchkneten, auf der leicht bemehlten Arbeitsfläche dünn ausrollen und in Vierecke schneiden.

3 Etwa 3 cm hoch Öl in eine Pfanne geben und erhitzen. Die ungeschälten Knoblauchzehen und den Rosmarinzweig darin goldbraun rösten, herausnehmen und beiseite legen.

4 Die Teigstücke bei milder Hitze von beiden Seiten im Kräuteröl etwa 5 bis 7 Minuten goldbraun backen. Sie blähen sich dabei zu luftigen Kissen auf.

5 Die Friciule (Teigkisschen) auf Küchenpapier abtropfen lassen. Salami und Coppa in dünne Scheiben schneiden. Teigkisschen mit Salami, Coppa und Röstknoblauch servieren.

**Coppa ist streng genommen kein Schinken, da sie vom Schweinenacken stammt. Das magere Fleisch wird gesalzen und reift in einem mit Weißwein getränkten Tuch. Parmaschinken passt auch sehr gut.**

# Geflügelspieße
## mit Apfeldip

Was ist für ein sommerliches Grillfest idealer als bunt gemischte Fleisch-Gemüse-Spieße mit einem fruchtigen Dip?

### Zutaten

200 g **Putenbrust**

6 **Frühlingszwiebeln**

2 rote **Paprikaschoten**

1 **Apfel**

2 EL **Zitronensaft**

2 EL **Öl**

150 g **Crème fraîche**

**Salz**

**Pfeffer** aus der Mühle



### Zubereitung

FÜR 6 SPIESSE

1 Das Fleisch, falls nötig, von Haut und Sehnen befreien und in 12 Würfel schneiden.

2 Die Frühlingszwiebeln putzen, waschen und in 18 Stücke schneiden. Die Paprikaschoten putzen, längs halbieren, entkernen, waschen und in 12 Stücke schneiden.

3 Den Apfel waschen, halbieren und das Kerngehäuse herausschneiden. Eine Hälfte in 6 Stücke teilen, die andere klein hacken. Den Apfel sofort mit 1 EL Zitronensaft beträufeln.

4 Die Putenwürfel salzen, pfeffern und je 2 Stücke mit 3 Frühlingszwiebelstücken, 2 Paprikastücken und 1 Apfelspalte abwechselnd auf die Spieße stecken.

5 Das Öl erhitzen und die Spieße darin braten.

6 Die Crème fraîche mit dem restlichen Zitronensaft und den Apfelwürfeln mischen und mit Salz und Pfeffer würzen. Den Dip zu den gebratenen Spießen reichen.

**Statt der Putenbrust können Sie auch Hähnchenbrust verwenden. Als weiteres Gemüse oder als Ersatz für Paprika eignen sich auch Zucchini sehr gut. Der Apfel kann durch 1 Birne ersetzt werden.**

# Carpaccio mit Champignons

## Zubereitung

FÜR 4 PERSONEN

1 Die Rinderlende in Frischhaltefolie gewickelt 1 Stunde lang ins Tiefkühlfach legen, bis sie angefroren ist und sich mit einem scharfen Messer oder der elektrischen Schneidemaschine in sehr feine Scheiben schneiden lässt. Die Fleischscheiben mit einem Messer flach streichen und auf 4 große Teller verteilen.

2 Die Champignons putzen, trocken abreiben und in sehr feine Scheiben schneiden. Mit Zitronensaft beträufeln.

3 Weißweinessig, Salz, Pfeffer und Öl zu einer Marinade verrühren. Über die Champignons geben und 10 Minuten ziehen lassen. Die Pilze aus der Marinade nehmen und auf dem Fleisch verteilen.

4 Marinade über das Fleisch träufeln. Basilikum waschen, trockenschütteln und die Blätter von den Stielen zupfen. Das Carpaccio damit bestreuen. Am besten mit Stangenweißbrot servieren.

## Zutaten

350 g **Rinderlende**

250 g **Champignons**

Saft von ½ **Zitrone**

3 EL **Weißweinessig**

**Salz**

**Pfeffer** aus der Mühle

4 EL **Olivenöl**

1 Bund **Basilikum**

## Zutaten

500 g frischer **Spinat**

400 g **Lammfleisch** (aus der Keule oder Schulter)

3 EL **Sonnenblumenöl**

**Salz** · **Pfeffer** aus der Mühle

2 **Grapefruits**

2 reife **Avocados**

2 Stangen **Staudensellerie**

1 **Knoblauchzehe**

5 EL **Olivenöl**

Saft von 1 **Zitrone**

# Lamm-Spinat-Salat
## mit Avocado und Grapefruit

## Zubereitung
FÜR 4 PERSONEN

1 Spinat putzen, waschen und gut abtropfen lassen.

2 Das Lammfleisch in Streifen schneiden. Das Sonnenblumenöl in einer Pfanne erhitzen und das Fleisch darin rundherum anbraten. Mit Salz und Pfeffer würzen.

3 Die Grapefruits schälen und in Spalten schneiden, dabei die weiße Haut entfernen. Die Avocados schälen, halbieren und in große Spalten schneiden.

4 Die Selleriestangen waschen und in Scheiben schneiden.

5 Die Knoblauchzehe schälen und durch die Presse drücken. Mit Olivenöl, Zitronensaft, 2 EL Wasser, Salz und Pfeffer so lange verrühren, bis eine cremige Sauce entstanden ist.

6 Den Spinat, die Avocados, den Sellerie, die Grapefruitspalten und das Lammfleisch auf 4 große Teller verteilen und mit der Sauce beträufeln.

# Bratensülzchen
## auf Joghurtsauce

Noch längst nicht aus der Mode: feine Bratensülze mit Kresse und einer frischen Joghurtsauce auf knackigem Salat

### Zutaten

300 g kalter **Schweinebraten**

2 **Tomaten**

½ **Salatgurke**

1 Kästchen **Kresse**

10 Blätter **Gelatine**



¼ l **Gemüsebrühe**

2–3 EL **Essig**

1 EL gekörnte **Brühe**

**Salz** · **Pfeffer** aus der Mühle

1 **Knoblauchzehe**

250 g **Vollmilchjoghurt**

2 EL **Zitronensaft**

1 EL **Olivenöl**

½ Kopf **Friséesalat**

1 **Kopfsalat**

### Zubereitung
FÜR 4 PERSONEN

1 Das Fleisch von der Fettschicht befreien und in Würfel schneiden.

2 Die Tomaten waschen, die Stielansätze entfernen und die Tomaten in Scheiben schneiden. Die Gurke schälen, entkernen und in Würfel schneiden. Die Kresse abschneiden, waschen und trockentupfen.

3 Die Gelatine in kaltem Wasser einweichen. Die Gemüsebrühe mit zusätzlich ¼ l Wasser und dem Essig erhitzen. Die gekörnte Brühe einstreuen, verrühren und, falls nötig, mit Salz und Pfeffer würzen. Die Gelatine ausdrücken und schnell in der heißen Brühe auflösen, damit keine Klümpchen entstehen. Kurz abkühlen lassen.

4 Jeweils etwas Geleeflüssigkeit in 4 kleine Förmchen gießen und erstarren lassen. Jeweils 1 bis 2 Tomatenscheiben in die Förmchen legen und die Hälfte der Kresse darauf verteilen. Etwas Geleeflüssigkeit darauf gießen und wieder erstarren lassen. Dann die Braten- und Gurkenstücke auf die Förmchen verteilen und die restliche Geleeflüssigkeit hinzufügen. Die Sülzchen im Kühlschrank einige Stunden fest werden lassen.

5 Die Knoblauchzehe schälen und fein hacken. Mit Joghurt, Zitronensaft, Olivenöl, Salz und Pfeffer zu einer Sauce verrühren. Die Salate zerteilen, die Blätter waschen und trockenschleudern.

6 Die Sülze aus den Förmchen stürzen, dazu die Förmchen vorher in heißes Wasser tauchen. Die Sülze auf den Salatblättern anrichten und mit der restlichen Kresse bestreuen. Mit der Joghurtsauce servieren.

# Kalbfleischbällchen
## mit Mozzarella

### Zubereitung
FÜR ETWA 40 BÄLLCHEN

1 Hackfleisch, Ei, Paniermehl und Sahne gründlich miteinander verkneten.

2 Die Schalottenwürfel in etwas Öl glasig dünsten und zusammen mit der abgeriebenen Zitronenschale und den gehackten Basilikumblättern unter die Hackfleischmasse mischen. Mit Salz und Pfeffer abschmecken.

3 Jeweils 1 EL Hackfleischmasse abstechen und in der nassen Hand etwas flach drücken. In die Mitte eine Mulde drücken und mit je einer Mozzarellakugel füllen. Zu Bällchen von etwa 3 cm Durchmesser formen.

4 Die zerbröselten Cornflakes in einen tiefen Teller geben und die Hackfleischbällchen darin einzeln wälzen. Die Panade mit den Händen gut festdrücken.

5 Das Öl am besten in einer elektrischen Fritteuse auf 175 °C erhitzen und die Bällchen darin portionsweise frittieren. Warm oder kalt mit Cocktailsaucen servieren.

### Zutaten

500 g gehacktes **Kalbfleisch**

1 **Ei** · 2 EL **Paniermehl**

2 EL **Sahne**

1 EL **Schalottenwürfel**

**Öl** zum Braten und Frittieren

1 TL abgeriebene **Zitronenschale**

2 EL gehackte **Basilikumblätter**

**Salz** · **Pfeffer** aus der Mühle

40 kleine **Mozzarellakugeln**

ungesüßte, zerbröselte **Cornflakes**

## Zutaten

1 Kopf **Romanasalat**

200 g **Cocktailtomaten**

500 g **Hähnchenbrust**

3 EL **Sonnenblumenöl**

**Salz**

**Pfeffer** aus der Mühle

Saft von ½ **Zitrone**

6 Scheiben **Weißbrot**

5 EL **Olivenöl**

2 EL **Kapern** (in Salz eingelegt)

2 EL **Apfelessig**

**Zucker**

# Romanasalat mit Hähnchenbrust

## Zubereitung

FÜR 4 PERSONEN

1 Vom Romanasalat die äußeren, harten Blätter entfernen und die restlichen Blätter in große Stücke schneiden. Waschen und trockenschleudern. Tomaten waschen, die Stielansätze entfernen und halbieren.

2 Die Hähnchenbrust in mundgerechte Würfel schneiden. Das Sonnenblumenöl erhitzen und die Hähnchenwürfel darin rundherum scharf anbraten. Mit Salz und Pfeffer würzen und mit Zitronensaft beträufeln.

3 Das Weißbrot entrinden, in Würfel schneiden und in einer Pfanne in 1 EL Olivenöl unter Wenden rösten.

4 Die Kapern mit Wasser abwaschen und abtropfen lassen. Aus Essig, dem restlichen Olivenöl, Salz, Pfeffer und Zucker eine Vinaigrette rühren. Die Kapern dazugeben.

5 Salat, Tomaten, Hühnerwürfel und Croûtons auf 4 Teller verteilen und jeweils mit der Vinaigrette beträufeln.

# Bohnensalat
## mit Speckpflaumen

Schon die alten Ägypter liebten sie: Die dicke weiße Bohne setzt ihren Siegeszug in immer wieder neuen Variationen fort

### Zutaten

600 g dicke weiße **Bohnen** (getrocknet)

2 **Knoblauchzehen**

1 **Lorbeerblatt**

12 getrocknete **Pflaumen**

1 rote **Zwiebel**

½ Bund glatte **Petersilie**

200 g **Frühstücksspeck** (in Scheiben)

1 EL **Sonnenblumenöl**

4 EL **Olivenöl**

3 EL **Aceto Balsamico**

**Salz**

**Pfeffer** aus der Mühle

### Zubereitung

FÜR 4 PERSONEN

1 Die Bohnen über Nacht in kaltem Wasser einweichen, abgießen und abbrausen. Die Knoblauchzehen schälen, grob hacken und mit den Bohnen und dem Lorbeerblatt in kochendem Wasser etwa 1 ½ Stunden garen, abgießen und abkühlen lassen.

2 Die Pflaumen etwa 1 Stunde in Wasser einweichen und gut abtropfen lassen.

3 Die Zwiebel schälen und in dicke Ringe schneiden. Die Petersilie waschen, trockenschütteln und die Blätter von den Stielen zupfen.

4 Jeweils eine Pflaume in eine Speckscheibe wickeln und eventuell mit einem Zahnstocher feststecken. Das Sonnenblumenöl erhitzen und die Röllchen bei mittlerer Hitze rundherum anbraten.

5 Olivenöl, Essig, 2 EL Wasser, Salz und Pfeffer zu einer Salatsauce verrühren. Die Sauce über die Bohnen gießen und gut durchmischen, mindestens ½ Stunde ziehen lassen. Eventuell mit Salz und Pfeffer nachwürzen.

6 Die Bohnen auf 4 Teller verteilen und mit den Zwiebeln und den Speckpflaumen anrichten. Nach Belieben mit Petersilie garnieren und mit Weißbrot servieren.

# Spezialitäten

# Reispapierröllchen mit Gemüsefüllung

Als **Einstimmung** darf es auch einmal asiatisch sein: frisches Gemüse dekorativ in **Reispapier** gewickelt

## Zutaten

4 Blätter **Reispapier**

2 **Möhren**

1 kleiner **Kopfsalat**

1 rote **Paprikaschote**

1 EL **Weißweinessig**

3 EL **Salatöl**

**Salz**

**Pfeffer** aus der Mühle

1 Bund **Schnittlauch** (auch blühend)

## Zubereitung

FÜR 4 PERSONEN

1 Das Reispapier zwischen feuchten Küchentüchern einweichen.

2 Die Möhren schälen und in dünne, breite Streifen schneiden.

3 Den Salat putzen und zerteilen. Die Blätter waschen und trockenschleudern.

4 Die Paprikaschote waschen, längs halbieren, von Kernen und Trennwänden befreien und in feine Streifen schneiden.

5 In einer kleinen Schüssel den Essig, das Öl sowie Salz und Pfeffer zu einer Marinade verrühren.

6 Auf jedes Reispapierblatt 1 bis 2 Salatblätter legen. Mit einigen Möhren- und Paprikastreifen belegen, mit der Marinade beträufeln und alles vorsichtig mit eingeschlagenen Enden zusammenrollen. Jedes Reispapierröllchen diagonal in der Mitte durchschneiden. Auf den Böden stehend auf Tellern anrichten. Schnittlauch waschen und trockenschütteln. Die Halme in kleinen Bündeln in die Röllchen stecken.

**Eine schnell gezauberte Vorspeise, für die die Füllung auch mit anderem bissfesten Gemüse (z. B. Gurke, Rettich, Frühlingszwiebeln, Chinakohl oder Sprossen) zubereitet werden kann.**

# Artischocken
## gefüllt und gedünstet

Eine Delikatesse, die früher nur der Adel kannte:
das zarte Gemüse mit einer frischen Minze-Knoblauch-Füllung

### Zutaten

8 junge **Artischocken**
(etwa 600 g)
2 **Knoblauchzehen**
einige Zweige frische **Minze**
**Salz**
**Pfeffer** aus der Mühle
4 EL **Olivenöl**
⅛ l trockener **Weißwein**
oder **Wasser**



### Zubereitung
FÜR 4 PERSONEN

1 Die Artischocken vom Stiel befreien und die äußeren holzigen Blätter ablösen. Die Blattspitzen der restlichen Blätter mit einer Küchenschere großzügig abschneiden.

2 Den Knoblauch schälen und fein hacken. Minzeblätter waschen, trockentupfen und ebenfalls zerkleinern. Den Knoblauch mit der gehackten Minze mischen.

3 Die Artischocken aufrecht auf die Arbeitsfläche stellen und mit einem Fleischklopfer leicht darauf klopfen, damit die Blätter etwas auseinander gehen. In die Zwischenräume die Knoblauchmischung füllen, mit Salz und Pfeffer würzen.

4 Das Öl in einem breiten Topf erhitzen. Die Artischocken nebeneinander in den Topf stellen und portionsweise darin anbraten, bis sie schön gebräunt sind.

5 Wenn alle angebraten sind, die Artischocken wieder in den Topf geben. Am besten so legen, dass jeweils ein Stielende an der Spitze der nächsten Artischocke liegt. Wein oder Wasser angießen und 30 Minuten zugedeckt dünsten. Dabei, falls nötig, noch etwas Wasser zugeben.

**Die gedünsteten Artischocken können auch warm als Beilage serviert werden. Ungefüllt, in Olivenöl gebacken und mit Zitronensaft und Salz und Pfeffer sind die Artischocken ebenfalls ein Genuss.**

# Tortillas
## mit Pilzen und Rucola

### Zubereitung
FÜR 2 PERSONEN

1 Das Mehl mit etwas Salz in einer Schüssel vermischen. 3 bis 4 EL Wasser einrühren und zu einem glatten Teig verkneten, 15 Minuten ruhen lassen. Den Teig in 4 Portionen teilen und auf bemehlter Arbeitsfläche zu Fladen von etwa 15 cm Ø ausrollen. In einer Pfanne in wenig Öl von jeder Seite etwa 1 Minute backen, bis sie dunkelbraune Flecken bekommen. Warm halten.

2 Den Rucola putzen, waschen, trockenschleudern und zerrupfen. Den Apfel waschen, halbieren, entkernen und in Stücke schneiden. Je die Hälfte davon beiseite stellen.

3 Die Crème fraîche mit 1 EL Zitronensaft und 2 EL Olivenöl verrühren. Den Knoblauch schälen und dazupressen. Mit Salz, Pfeffer und Cayennepfeffer würzen.

4 Die Pilze putzen, halbieren und in etwas Öl etwa 3 Minuten braten. Den restlichen Zitronensaft dazugeben, salzen und pfeffern. Die warmen Tortillas mit der Crème-fraîche-Mischung bestreichen. Den Rucola, die Apfelstücke und die Pilze darauf verteilen, zusammenrollen und schräg halbieren. Restliche Rucola- und Apfelstücke auf Teller verteilen und die Tortillas darauf anrichten.

### Zutaten

80 g **Mehl · Salz**

1 Bund **Rucola**

**Öl** zum Braten

1 **Apfel**

3 EL **Crème fraîche**

2 EL **Zitronensaft**

2 EL **Olivenöl**

1 **Knoblauchzehe**

**Pfeffer** aus der Mühle

1 Msp **Cayennepfeffer**

200 g **Champignons**

## Zutaten

350 g **Walnüsse**

350 g **Ziegenfrischkäse**

8 EL **Walnussöl**

**Salz**

**Pfeffer** aus der Mühle

3 EL **Himbeeressig**

einige **Salatblätter** (z. B. Eichblatt-, Romana- oder Feldsalat)

# Ziegenkäsebällchen mit Nusskruste

## Zubereitung

FÜR 6 PERSONEN

1 Die Walnüsse in einer Pfanne ohne Fett anrösten, dann klein hacken.

2 Den Ziegenkäse mit 2 EL Öl, Salz und Pfeffer mit einer Gabel gründlich vermischen. Kleine Kugeln (2 cm Ø) formen und in den gehackten Nüssen wälzen.

3 Für das Dressing den Himbeeressig mit dem restlichen Walnussöl verrühren und mit Salz und Pfeffer würzen.

4 Die Salatblätter gründlich waschen, trockenschleudern und auf sechs Teller verteilen. Das Dressing darüber träufeln und die Käsebällchen darauf anrichten.

# Frittiertes Gemüse in Tempurateig

Original japanisch ist Tempura ein herrliches Essvergnügen: Ein Topf mit Öl wird auf den Tisch gestellt und jeder frittiert sein Gemüse selbst

## Zutaten

1 kg frisches **Gemüse**

(z. B. Auberginen, Brokkoli, Zucchini, grüner Spargel, Chicorée, Fenchel)

10 frische **Salbeiblätter**

1 **Ei** · 150 g **Mehl**

1 Msp **Backpulver**

**Fett** zum Frittieren

**Mehl** zum Wenden



## Zubereitung

FÜR 4 PERSONEN

1 Das Gemüse putzen, waschen, gut abtrocknen und in Scheiben oder Streifen schneiden. Brokkoli und Spargel in mundgerechte Stücke schneiden und kurz blanchieren. Den Chicorée der Länge nach vierteln. Die Salbeiblätter waschen und trockentupfen.

2 Für den Tempurateig das Ei mit 1/8 l eiskaltem Wasser verquirlen und unter Rühren das gesiebte Mehl und das Backpulver untermischen. Falls nötig, noch etwas Wasser dazugießen.

3 Das Frittierfett in einem geeigneten Topf erhitzen. Die Gemüsestücke in den Tempurateig tauchen und im heißen Fettbad goldbraun und kross werden lassen.

4 Das Knabbergemüse als Beilage zu Fleisch oder als Snack zum Aperitif reichen.

**Das Gemüse kann auch in Weinteig getaucht werden. Dazu 180 g Mehl, 1/2 TL Backpulver und 1 TL Salz vermischen, 1/4 l eiskalten Weißwein unterrühren und 1 steif geschlagenes Eiweiß unterziehen.**

# Panierte Tomaten

## mit Petersilie

### Zubereitung

FÜR 4 PERSONEN

1 Die Tomaten waschen, von den Stielansätzen befreien und in 1 cm dünne Scheiben schneiden. Mit dem Zitronensaft beträufeln und mit Salz und Pfeffer würzen.

2 Das Mehl in einen tiefen Teller geben. Die Eier in einem zweiten Teller verquirlen. Die Semmelbrösel und die Haselnüsse mischen. Die Tomatenscheiben erst in Mehl, anschließend in den Eiern und Semmelbröseln wenden.

3 Das Butterschmalz in einer Pfanne erhitzen und die Tomatenscheiben darin portionsweise von jeder Seite 3 bis 4 Minuten goldgelb braten. Auf Küchenpapier abtropfen lassen.

4 Die Petersilie waschen und trockenschütteln. Die Blätter von den Stielen zupfen und grob hacken. Die panierten Tomaten anrichten und die Petersilie darüber streuen.

### Zutaten

1 kg mittelgroße, feste **Tomaten**

2 EL **Zitronensaft**

**Salz**

weißer **Pfeffer** aus der Mühle

75 g **Mehl**

2 kleine **Eier**

50 g **Semmelbrösel**

1 EL gemahlene **Haselnüsse**

2 EL **Butterschmalz**

½ Bund glatte **Petersilie**

## Zutaten

**Salz** · 250 g **Maisgrieß**

2 Köpfe **Radicchio**

1 **Knoblauchzehe**

2 EL **Olivenöl**

4 EL **Tomatenwürfel**

6–8 **Basilikumblätter**

**Pfeffer** aus der Mühle

200 g **Gorgonzola**

# Gratinierte Polenta mit Radicchio

## Zubereitung

FÜR 4 PERSONEN

1 In einem möglichst hohen Topf 1 l Wasser mit Salz zum Kochen bringen und unter Rühren mit einem Holzlöffel den Maisgrieß einlaufen lassen. Die Polenta unter ständigem kräftigen Rühren 35 bis 40 Minuten bei mittlerer Hitze köcheln lassen.

2 Den fertigen Brei auf ein nasses Holzbrett stürzen und zu einer etwa 2 cm dicken Platte verteilen. Diese glatt streichen und abkühlen lassen.

3 Den Radicchio putzen, waschen und in Streifen schneiden. Die ungeschälte Knoblauchzehe mit dem Öl erhitzen und die Radicchiostreifen darin kurz anbraten. Tomatenwürfel und die in Streifen geschnittenen Basilikumblätter untermischen, mit Salz und Pfeffer würzen.

4 Den Backofengrill vorheizen. Die Polenta in breite Streifen schneiden, das Gemüse und den Käse in Würfeln darauf verteilen. Unter dem Grill wenige Minuten gratinieren.

# Gefüllte Weinblätter mit Korinthen

Ob griechische oder türkische Erfindung: Gefüllte Weinblätter mit Pinienkernen und Korinthen schmecken auf jeden Fall göttlich

## Zutaten

150 g **Langkornreis**

**Salz**

3 EL **Korinthen**

3 **Zwiebeln**

1 Bund **Dill**

1 Bund glatte **Petersilie**

2 EL **Pinienkerne**

5 EL **Olivenöl**

**Pfeffer** aus der Mühle

1 Msp gemahlener **Zimt**

5 EL **Zitronensaft**

250 g eingelegte **Weinblätter**

## Zubereitung

FÜR 6–8 PERSONEN

1 Den Reis in 3/8 l kochendes Salzwasser geben und knapp 15 Minuten bei schwacher Hitze quellen lassen.

2 Die Korinthen in lauwarmem Wasser einweichen. Die Zwiebeln schälen und in kleine Würfel schneiden. Die Kräuter waschen, trockenschütteln und fein hacken.

3 Den noch nicht völlig gegarten Reis in einem Sieb abtropfen lassen, dann in eine Schüssel geben. Mit den abgetropften Korinthen, den Pinienkernen, den Zwiebelwürfeln und 3 EL Öl vermischen und mit Salz, Pfeffer, Zimt und 2 EL Zitronensaft würzig abschmecken.

4 Die eingelegten, gewaschenen Weinblätter waschen, kurz in kochendes Wasser tauchen und zum Abtropfen auf einem Küchentuch ausbreiten. Dicke, harte Stiele herausschneiden.

5 Mit einem Teelöffel etwas von der Reisfüllung jeweils in die Mitte der Weinblätter geben. Die beiden Querseiten einschlagen und die Weinblätter vom Stielende zur Spitze hin aufrollen.

6 Die Röllchen dicht nebeneinander so in einen Topf schichten, dass kein Zwischenraum entsteht. Mit 1/4 l Wasser, restlichem Zitronensaft und Öl begießen und mit einem Teller beschweren. Zugedeckt bei schwacher Hitze gut 1 Stunde garen. Die Flüssigkeit muss völlig aufgesogen sein. Die Weinblätter lauwarm oder kalt servieren.

# Frühlingsröllchen mit süß-saurer Sauce

## Zubereitung

FÜR 4 PERSONEN

1 Den tiefgekühlten Teig auslegen und auftauen lassen. Pilze in lauwarmem Wasser etwa 2 Stunden einweichen, dann in feine Streifen schneiden. Fleisch in 1 cm dünne Scheiben schneiden, im Mehl wenden. Bambussprossen abtropfen lassen, mit der geputzten Möhre in Streifen schneiden. Kräuter waschen und die Blätter grob hacken.

2 In einem Topf 2 EL Öl erhitzen und die Bambus- und Möhrenstreifen darin anbraten, mit Sojasauce übergießen und 3 Minuten dünsten.

3 Das Fleisch in 1 EL Öl anbraten, mit der Brühe ablöschen. Gemüse und Kräuter untermischen und mit Speisestärke binden. Die Masse längs auf den Teig verteilen, die Seiten nach innen klappen, den Teig aufrollen und mit Schnittlauchhalmen zusammenbinden. In einen Dämpfeinsatz legen und im Wok (oder einem Topf) mit etwas Wasser zugedeckt etwa 8 Minuten garen.

4 Die restlichen Zutaten in einen kleinen Topf geben und in etwa 8 Minuten die süß-saure Sauce kochen.

## Zutaten

14 Blätter tiefgekühlter **Frühlingsrollenteig**

3 EL getrocknete chinesische **Pilze**

150 g **Schweinefilet** · 1 EL **Mehl**

100 g **Bambussprossen** (aus der Dose)

1 **Möhre** · je 2 Zweige **Basilikum** und **Minze**

3 EL **Öl** · 3 EL **Sojasauce**

5 EL **Gemüsebrühe** · 1 TL **Speisestärke**

1 Bund **Schnittlauch**

Für die Sauce: 2 gehäutete, fein geschnittene **Tomaten** · 2 gehackte **Knoblauchzehen**

150 ml **Fleischbrühe** · 1 EL helle **Sojasauce**

4 EL **Zucker** · 2 EL heller **Essig** · **Salz** · **Pfeffer**

## Zutaten

6 mittelgroße, geschälte **Pastinaken**

1 EL **Olivenöl**

**Mehl** · 2 **Eier**

frische **Weißbrotbrösel** zum Panieren

**Öl** zum Frittieren

2 EL **Zitronensaft**

75 g **Roquefort**

1 TL frisch gehackter **Estragon**

150 g **Crème fraîche** · 2 EL **Sahne**

**Salz** · **Pfeffer** aus der Mühle

einige **Salatblätter** (in breiten Streifen)

3 reife **Birnen** · 1 rote **Zwiebel**

# Gebackene Pastinaken auf Birnensalat

## Zubereitung

FÜR 6 PERSONEN

1 Die Pastinaken mit Öl bestreichen und in einer Auflaufform im vorgeheizten Backofen (180 °C) etwa 30 Minuten garen. Dann herausnehmen, abkühlen lassen und in längliche, eckige Stücke schneiden.

2 Das Mehl, verquirlte Eier und Weißbrotbrösel jeweils in tiefe Teller füllen. Die Pastinaken nacheinander in Mehl, Ei und Bröseln panieren und im heißen Frittierfett goldbraun ausbacken. Abtropfen lassen und warm halten.

3 Für das Dressing den Zitronensaft, den grob zerkleinerten Roquefort, den gehackten Estragon, die Crème fraîche und die Sahne in einer kleinen Schüssel mischen und fein pürieren. Mit Salz und Pfeffer abschmecken.

4 Die Salatblätter auf vier Teller verteilen. Die Birnen schälen, vierteln und entkernen. Die Zwiebel schälen und in Scheiben schneiden. Birnenspalten, Zwiebeln und Dressing auf den Salat geben, die Pastinaken darüber legen.

# Thai-Hähnchenrollen

## mit Chili-Dip

**Nicht nur appetitlich anzuschauen, sondern auch einfach zu essen: Würzige Hähnchenrollen werden in einen scharfen Dip getaucht**

### Zutaten

17 Blätter tiefgekühlter **Frühlingsrollenteig**

2 rote **Chilischoten**

50 g **Zucker** · **Salz**

1 EL **Reisessig**

3 **Frühlingszwiebeln**

3 **Knoblauchzehen**

1 Stängel **Zitronengras**

2 TL abgeriebene **Zitronenschale**

2 TL **Garnelenpaste** · 1 EL **Öl**

500 g fein gehacktes **Hähnchenbrustfilet**

3 EL **Fischsauce** · 4 EL **Sojasauce**

**Pfeffer** aus der Mühle

38 **Schnittlauchhalme**

**Öl** zum Frittieren



### Zubereitung

FÜR 4 PERSONEN

1 Die Teigblätter nebeneinander liegend auftauen lassen. Von einem Teigblatt 32 schmale Streifen abschneiden.

2 Die Chilischoten längs halbieren, entkernen und klein schneiden. 40 g Zucker in etwa 3 EL Wasser aufkochen und köcheln lassen, bis ein klarer Sirup entsteht. Salz, Essig und 1 klein geschnittene Chilischote einrühren und abkühlen lassen.

3 Die Frühlingszwiebeln putzen, waschen und fein hacken. Den Knoblauch schälen und ebenfalls fein hacken. Vom Zitronengras die äußeren Blätter und die obere Hälfte entfernen, den Stängel fein hacken. Frühlingszwiebeln, Knoblauch, Zitronengras, die zweite Chilischote, die Zitronenschale und die Garnelenpaste vermischen.

4 Den Wok erhitzen und das Öl hineingeben. Die Mischung darin unter Rühren anbraten. Das Hähnchenfleisch dazugeben und unter Rühren krümelig braten. Mit Fischsauce, restlichem Zucker, Sojasauce, Salz und Pfeffer abschmecken.

5 Dann alles auf die Teigblätter verteilen, diese zusammenrollen und an den Enden zunächst mit den Teigstreifen und dann mit den Schnittlauchhalmen zusammenbinden.

6 Das Öl in einer Fritteuse erhitzen und die Hähnchenrollen in etwa 3 bis 4 Minuten goldgelb backen, mit dem Chili-Dip servieren.

# Bruschetta
## mit Oliven und Sardellen

### Zubereitung
FÜR 10 PERSONEN

1 Den Backofen auf 200 °C vorheizen. Die Baguettebrote schräg in 20 Scheiben schneiden.

2 Die Knoblauchzehen halbieren und die Baguettescheiben damit einreiben. Im heißen Backofen etwa 5 Minuten leicht bräunen und abkühlen lassen.

3 Die Tomaten überbrühen, häuten, salzen, pfeffern und mit Olivenöl beträufeln.

4 Den Rucola putzen, waschen, trockenschleudern und grob zerkleinern.

5 Den Rucola auf die Brotscheiben legen, die Tomaten darauf anrichten. Die Oliven grob hacken und zusammen mit den Sardellenfilets darauf verteilen.

### Zutaten

1–2 **Baguettebrote**

2 **Knoblauchzehen**

500 g **Kirschtomaten**

**Salz**

**Pfeffer** aus der Mühle

1 EL **Olivenöl**

75 g **Rucola**

15 g schwarze **Oliven** (ohne Stein)

20 **Sardellenfilets** (in Öl)

## Zutaten

600 g vorwiegend
fest kochende **Kartoffeln**

1 **Zwiebel**

300 g **Knoblauchzehen**

6 EL **Olivenöl**

½ TL frische **Thymianblätter**

100 g mit Paprika gefüllte **Oliven**

8 **Eier**

**Salz**

**Pfeffer** aus der Mühle

# Kartoffeltortilla mit Oliven

## Zubereitung

FÜR 4 PERSONEN

1 Die Kartoffeln schälen, waschen und in dünne Scheiben schneiden. Zwiebel und Knoblauch schälen und in kleine Würfel schneiden.

2 Vom Öl 3 EL erhitzen, Zwiebel- und Knoblauchwürfel darin glasig dünsten. Dann die Kartoffeln hinzufügen, mit Thymian bestreuen und unter Rühren gar braten. Die in Scheiben geschnittenen Oliven dazugeben.

3 Die Eier in einer großen Schüssel verquirlen, salzen und pfeffern. Eiermasse in die Pfanne gießen und zugedeckt bei schwacher Hitze in etwa 5 Minuten stocken lassen.

4 Die Tortilla mit Hilfe eines Deckels oder eines Tellers wenden. Das restliche Öl in die Pfanne gießen und auch die zweite Seite goldgelb braten. Abgekühlt in kleine, mundgerechte Stücke schneiden.

# Enchiladas
## mit Schinken und Gemüse

**Und zum Schluss wird's** mexikanisch: **Wer die gefüllten Enchiladas noch nicht kennt, sollte sie unbedingt einmal** ausprobieren



### Zutaten

Für die Enchiladas:

100 g **Maismehl**

100 g **Weizenmehl** · **Salz**

50 g **Spinat** · 50 g **Möhren**

**Öl** zum Braten

Außerdem:

2 **Möhren**

2 **Tomaten**

1 kleiner **Zucchino**

einige Blätter **Blattsalat** und **Friséesalat**

1 EL **Zitronensaft** · 3 EL **Olivenöl**

**Tabasco** · **Salz**

**Pfeffer** aus der Mühle

6 Scheiben gekochter **Schinken**

6 Scheiben roher **Schinken**

### Zubereitung

FÜR 4 PERSONEN

1 Für den Teig das Maismehl und das Weizenmehl mit etwas Salz und 200 ml Wasser mischen und verkneten, bis ein feuchter, weicher Teig entsteht. Zugedeckt etwa 15 Minuten ruhen lassen.

2 Den Spinat waschen, tropfnass in einen heißen Topf geben und zusammenfallen lassen. Herausnehmen, abschrecken, abtropfen und abkühlen lassen. Mit dem Stabmixer fein pürieren. Die Möhren schälen, grob zerkleinern und in kochendem Salzwasser etwa 8 Minuten blanchieren. Abschrecken, abtropfen lassen und ebenfalls fein pürieren.

3 Den Teig dritteln. Unter ein Drittel das Spinat- und unter das zweite Drittel das Möhrenpüree kneten. Jedes Drittel halbieren. Die Teigportionen mit einem Nudelholz kreisförmig dünn ausrollen. In wenig Öl von jeder Seite etwa ½ bis 1 Minute braten, bis sich dunkelbraune Flecken zeigen, dann warm stellen.

4 Die Möhren schälen und in feine Stifte schneiden. Die Tomaten überbrühen, häuten, entkernen und in Streifen schneiden. Den Zucchino waschen und in dünne Scheiben schneiden.

5 Salatblätter putzen, waschen und trockenschleudern. Den Zitronensaft mit dem Olivenöl, einigen Spritzern Tabasco, Salz und Pfeffer zu einer Salatsauce verrühren.

6 Die Fladen mit Salat, Schinken, Möhren, Tomaten und Zucchini belegen. Mit der Salatsauce beträufeln, einrollen und quer halbiert servieren.

# Rezeptregister





# Impressum




1. Auflage 2000
ISBN 3-932023-71-4

**Grafische Gestaltung:** Georg Feigl, Verena Fleischmann, Barbara Markwitz
**DTP:** Katharina Wiethaus
**Rezepte:** ZS-Team
**Redaktion:** Edelgard Prinz-Korte
**Herstellung:** Karin Mayer, Peter Karg-Cordes
**Lithografie:** inteca Media Service GmbH, Rosenheim
**Druck & Bindung:** Officine Grafiche De Agostini, Novara

Besuchen Sie uns auch im Internet unter der Adresse
**www.zsverlag.de**


# Bildnachweis


Umschlagfotos (Vorder- und Rückseite): StockFood/Susie Eising

Walter Cimbal: 9 oben; StockFood/Uwe Bender: 2–3; StockFood/Harry Bischof: 26; StockFood/Michael Brauner: 25, 56–57, 65, 74–75, 91; StockFood/Jean Cazals: 20, 33, 47, 81, 89, 92; StockFood/Alack Chris: 46, 52; StockFood/James Duncan: 31; StockFood/Eising: 61, 69, 84; StockFood/Susie Eising: 7/2. und 4. von links oben, 7/oben rechts, 8/oben, 9/Mitte und unten, 10–11, 13, 15, 17, 19, 21, 23, 27, 35, 43, 45, 48–49, 59, 70, 77, 79, 80, 83, 85, 87, 93; StockFood/S. & P. Eising: 4–5, 7–3. von links oben, 8/unten, 38–39, 41, 51, 63, 66; StockFood/Ulrike Köb: 6/links, 53; StockFood/Len Mastri: 34, 37, 55, 67; StockFood/Losito & Losito snc: 29; StockFood/Thom DeSanto: 6/rechts; StockFood/Sian Irvine: 88; StockFood/Scherer: 95; StockFood/Maximilian Stock LTD: 7/links oben, 7/rechts unten; StockFood/Martina Urban: 73; StockFood/Elizabeth Watt: 71